Feliz Navidad: Bilingual Spanish-English Christmas Stories for Kids

Pomme Bilingual

Published by Pomme Bilingual, 2024.

FELIZ NAVIDAD: BILINGUAL SPANISH-ENGLISH CHRISTMAS STORIES FOR KIDS

First edition. July 4, 2024.

ISBN: 979-8227816689

Written by Pomme Bilingual.

Table of Contents

El Gran Desafío de Navidad de Don Manuel

En el pequeño pueblo de Villaflor, donde la nieve cubría cada rincón como una manta blanca, vivía un hombre peculiar llamado Don Manuel. Don Manuel era conocido por su barba blanca y su risa contagiosa, pero lo que realmente lo hacía especial era su entusiasmo desbordante por la Navidad.

Cada año, Don Manuel organizaba una fiesta navideña que era el evento más esperado del pueblo. Las luces brillaban en todas las casas, el aroma de turrón y galletas se esparcía por el aire y las canciones navideñas sonaban desde la mañana hasta la noche. Sin embargo, este año Don Manuel había decidido hacer algo completamente diferente: ¡un desafío navideño!

"¡Este año, organizaremos el Gran Desafío de Navidad!" proclamó Don Manuel a sus amigos mientras preparaba una montaña de decoraciones. "¡Serán pruebas emocionantes y divertidas, y el ganador recibirá un premio fabuloso!"

Los niños del pueblo estaban emocionadísimos. No podían esperar para ver qué desafíos les tenía preparados Don Manuel. Entre ellos estaban Ana, una niña de diez años con una risa contagiosa y una imaginación desbordante, y Pedro, su hermano mayor, siempre dispuesto a aceptar cualquier reto.

El gran día llegó y el pueblo estaba adornado con estrellas doradas, guirnaldas y enormes muñecos de nieve. Don Manuel se subió a un improvisado escenario en la plaza principal y, con una gran sonrisa, anunció el comienzo del Gran Desafío de Navidad.

"Primero, tendremos la Carrera de Renos Locos," dijo Don Manuel, señalando una serie de trineos decorados con cintas y campanas. "¡Los niños tendrán que recorrer el circuito con estos trineos y recoger el mayor número posible de regalos en el camino!"

Ana y Pedro se lanzaron a la carrera con entusiasmo. Pedro, que era un poco mayor y más fuerte, rápidamente tomó la delantera, pero Ana, con su astucia y velocidad, logró adelantarse en la última vuelta y recoger el mayor número de regalos. El público aplaudió mientras Ana cruzaba la línea de meta.

Luego, llegó el turno del segundo desafío: "La Búsqueda del Tesoro de Navidad." Don Manuel había escondido pequeños regalos y pistas por todo el pueblo. Los niños tenían que encontrar los tesoros usando las pistas que Don Manuel había dejado en lugares secretos.

Ana y Pedro, armados con mapas y lupas, corrieron por el pueblo buscando los tesoros escondidos. La búsqueda los llevó desde la biblioteca del pueblo hasta el parque y finalmente al viejo granero, donde encontraron un cofre lleno de dulces y un mensaje especial que decía: "¡Felicidades, has encontrado el tesoro escondido!"

El último desafío era el más esperado: "El Concurso de Decoración de Árboles de Navidad." Cada equipo tenía que decorar un árbol con las decoraciones más creativas y originales.

Los niños trabajaron en equipo, colgando bolas de colores, cintas brillantes y estrellitas doradas.

Ana y Pedro decoraron su árbol con esmero. Pedro se encargó de colocar las luces mientras Ana decoraba con las cintas y las bolas. El árbol quedó resplandeciente y lleno de vida, y el jurado, compuesto por los habitantes del pueblo, no pudo evitar admirar la maravillosa creación de los hermanos.

Finalmente, llegó el momento de anunciar al ganador del Gran Desafío de Navidad. Don Manuel subió al escenario con una gran caja decorada con cintas doradas.

"¡Y el ganador del Gran Desafío de Navidad es... Ana y Pedro!" anunció Don Manuel con una gran sonrisa.

Ana y Pedro subieron al escenario y recibieron el premio, que resultó ser una caja de deliciosos dulces navideños y un trofeo con la figura de un reno dorado.

"¡Felicidades a todos los participantes!" exclamó Don Manuel. "Hoy hemos vivido una Navidad mágica gracias a cada uno de ustedes."

El pueblo celebró con alegría, cantando villancicos y compartiendo una cena festiva. Ana y Pedro estaban encantados no solo por el premio, sino por la diversión y la magia que habían vivido durante el Gran Desafío de Navidad.

Y así, en el pequeño pueblo de Villaflor, el espíritu navideño brilló más que nunca, gracias a la imaginación y al entusiasmo de Don Manuel y a la participación de todos los niños del pueblo. Fue una Navidad que siempre recordarían con una sonrisa.

Don Manuel's Great Christmas Challenge

In the small village of Villaflor, where the snow covered every corner like a white blanket, lived a peculiar man named Don Manuel. Don Manuel was known for his white beard and contagious laughter, but what truly made him special was his overflowing enthusiasm for Christmas.

Every year, Don Manuel organized a Christmas party that was the most anticipated event in the village. The lights sparkled on every house, the aroma of turrón and cookies filled the air, and Christmas songs played from morning until night. However, this year Don Manuel decided to do something completely different: a Christmas challenge!

"This year, we'll have the Great Christmas Challenge!" Don Manuel announced to his friends as he prepared a mountain of decorations. "There will be exciting and fun tests, and the winner will receive a fabulous prize!"

The children of the village were thrilled. They couldn't wait to see what challenges Don Manuel had prepared for them. Among them were Ana, a ten-year-old girl with a contagious laugh and boundless imagination, and Pedro, her older brother, always ready to accept any challenge.

The big day arrived, and the village was adorned with golden stars, garlands, and enormous snowmen. Don Manuel climbed onto an improvised stage in the main square and, with a big smile, announced the start of the Great Christmas Challenge.

"First, we'll have the Crazy Reindeer Race," said Don Manuel, pointing to a series of sleighs decorated with ribbons and bells. "The children will have to race around the circuit with these sleighs and collect as many gifts as possible along the way!"

Ana and Pedro threw themselves into the race with enthusiasm. Pedro, being a bit older and stronger, quickly took the lead, but Ana, with her cleverness and speed, managed to overtake him on the last lap and collect the most gifts. The crowd applauded as Ana crossed the finish line.

Next was the second challenge: "The Christmas Treasure Hunt." Don Manuel had hidden small gifts and clues all around the village. The children had to find the treasures using the clues Don Manuel had left in secret places.

Ana and Pedro, armed with maps and magnifying glasses, ran around the village searching for the hidden treasures. The hunt took them from the village library to the park and finally to the old barn, where they found a chest full of sweets and a special message that read: "Congratulations, you've found the hidden treasure!"

The final challenge was the most awaited: "The Christmas Tree Decorating Contest." Each team had to decorate a tree with the most creative and original decorations. The children worked in teams, hanging colorful baubles, shiny ribbons, and golden stars.

Ana and Pedro decorated their tree with care. Pedro took charge of placing the lights while Ana decorated with ribbons and baubles. The tree sparkled and was full of life, and the jury, composed of the village residents, couldn't help but admire the wonderful creation of the siblings.

Finally, the moment arrived to announce the winner of the Great Christmas Challenge. Don Manuel climbed onto the stage with a beautifully decorated box tied with golden ribbons.

"And the winner of the Great Christmas Challenge is... Ana and Pedro!" Don Manuel announced with a big smile.

Ana and Pedro went up to the stage and received their prize, which turned out to be a box of delicious Christmas sweets and a trophy with the figure of a golden reindeer.

"Congratulations to all the participants!" exclaimed Don Manuel. "Today we've experienced a magical Christmas thanks to each one of you."

The village celebrated with joy, singing carols and sharing a festive dinner. Ana and Pedro were delighted not only with the prize but also with the fun and magic they had experienced during the Great Christmas Challenge.

And so, in the small village of Villaflor, the Christmas spirit shone brighter than ever, thanks to the imagination and enthusiasm of Don Manuel and the participation of all the village children. It was a Christmas they would always remember with a smile.

Las Aventuras de la Gran Fiesta Animal

En el corazón de un vasto y frondoso bosque, donde los árboles eran tan altos que parecían tocar las nubes, vivía una extraordinaria comunidad de animales. Este bosque no era un bosque común, sino un lugar mágico donde cada Navidad se convertía en una fiesta inolvidable, y este año no sería la excepción.

El centro de esta maravillosa celebración era un grupo de animales muy especiales que se habían convertido en los mejores amigos. Entre ellos estaban Oscar, el oso más grande y más simpático del bosque, Clara, la ardilla más rápida y chispeante, y Simón, el zorro más astuto y travieso. Juntos formaban el comité organizador de la Gran Fiesta Animal de Navidad.

Era la mañana del 24 de diciembre y el bosque estaba cubierto de una suave capa de nieve. Las huellas de los animales se mezclaban en la nieve, creando un mosaico de diversión y emoción. Oscar, Clara y Simón se encontraban en el centro del bosque, rodeados de decoraciones navideñas que habían pasado semanas preparando.

"¡Todo está listo para la Gran Fiesta Animal de Navidad!" exclamó Oscar, levantando su gran pata para señalar el enorme árbol de Navidad que habían decorado con luces brillantes y adornos resplandecientes. "¡Este año, será la mejor fiesta de todas!"

Clara, que estaba colgando una última guirnalda en una rama alta, asintió con entusiasmo. "¡Y no olvidemos el banquete! Tenemos tartas de frutas, nueces y zanahorias, y un montón de golosinas para todos."

Simón, que estaba organizando los juegos y actividades, estaba ocupado colocando pequeños banderines en el suelo. "¡Y los juegos serán los más divertidos de todos! ¡Tenemos carreras de trineos, concursos de baile y hasta una búsqueda del tesoro!"

La primera en llegar a la fiesta fue la señora Tortuga, que, a pesar de su lento andar, había hecho un esfuerzo especial para llegar a tiempo. Se le unieron el conejo Benny y la señora Osa, todos con enormes sonrisas en sus caras. La fiesta comenzó a llenarse de vida cuando llegaron los demás animales: los ciervos, las liebres, y hasta los pájaros que se posaron en las ramas para disfrutar del espectáculo.

"¡Hola a todos!" gritó Clara desde lo alto del árbol. "¡La Gran Fiesta Animal de Navidad está por comenzar!"

El primer evento fue la carrera de trineos. Simón había construido trineos hechos de ramas y hojas, decorados con cintas brillantes. Cada animal tuvo la oportunidad de probar suerte en la carrera. La señora Tortuga, a pesar de su velocidad lenta, sorprendió a todos con su determinación y entusiasmo. Benny, el conejo, se zambulló en la carrera como un rayo, y la competencia fue reñida entre él y Clara, quien era una experta en el manejo del trineo.

Finalmente, Clara cruzó la meta con gran destreza, mientras Benny se esforzaba al máximo, justo detrás de ella. Todos aplaudieron y celebraron, disfrutando del espíritu de camaradería que llenaba el aire.

A continuación, llegó el momento del concurso de baile. Los animales se alinearon en la pista improvisada, ansiosos por mostrar sus mejores movimientos. Oscar, con su gran tamaño, no era el mejor bailarín, pero su entusiasmo era contagioso. Clara y Benny dieron un espectáculo deslumbrante con sus pasos rápidos y saltos, mientras Simón, con su agilidad, hizo una serie de giros espectaculares.

El baile terminó con una divertida competencia de baile en pareja, donde la señora Tortuga hizo equipo con Oscar. Aunque sus movimientos eran lentos, lograron realizar una danza que hizo reír a todos, especialmente cuando Oscar intentó imitar un paso de baile que resultó en un gracioso tropiezo.

Mientras todos reían y se divertían, Simón organizó la búsqueda del tesoro. Escondió pequeños regalos y golosinas por todo el bosque, y los animales tuvieron que seguir las pistas para encontrarlos. Cada pista llevaba a un nuevo lugar, desde debajo de los arbustos hasta dentro de los troncos de los árboles.

Los animales, armados con mapas y mucha emoción, se lanzaron a la búsqueda. La señora Osa encontró un cofre lleno de miel justo debajo de una gran roca, mientras Benny descubrió un saco de zanahorias escondido en un árbol hueco. Clara y Simón encontraron una caja llena de galletas justo a tiempo para compartirlas con todos.

Cuando el sol comenzó a ponerse, el bosque se llenó de una cálida luz dorada. Los animales se reunieron alrededor de la gran mesa, disfrutando de las delicias preparadas para la ocasión. Las risas y las historias se mezclaban con el aroma de la comida, creando una atmósfera mágica y festiva.

Oscar, con su gran corazón y su generosa sonrisa, se levantó para dar un discurso. "Quiero agradecer a todos por venir y hacer de esta Navidad algo realmente especial. La verdadera magia de la Navidad no está en los regalos o en la comida, sino en estar juntos y disfrutar de nuestra amistad."

Todos aplaudieron y asintieron en acuerdo. Clara levantó su vaso de jugo de manzana para brindar. "¡Por una Navidad llena de risas, amistad y diversión!"

La fiesta continuó con juegos y más bailes bajo las estrellas. Los animales disfrutaron de una noche llena de alegría, compartiendo historias y sueños mientras la nieve caía suavemente alrededor de ellos.

Finalmente, cuando la noche se volvió más fría y la luna se alzó en el cielo, los animales comenzaron a despedirse. Cada uno se fue a casa con el corazón lleno de alegría y el espíritu navideño más fuerte que nunca.

Donde antes había habido un bullicioso bullicio de celebración, ahora quedaban solo las huellas en la nieve y los ecos de las risas que aún resonaban en el bosque. La Gran Fiesta Animal de Navidad había sido un éxito rotundo, y todos estaban ansiosos por el próximo año, cuando volverían a reunirse para celebrar otra vez.

Así, en el bosque mágico de Villaflor, la Navidad no solo era una festividad, sino una celebración de la amistad y la alegría compartida. Y mientras los animales se retiraban a sus hogares, sabían que el verdadero regalo de Navidad era la maravillosa comunidad que habían creado juntos.

The Adventures of the Great Animal Party

In the heart of a vast and lush forest, where the trees were so tall they seemed to touch the clouds, lived an extraordinary community of animals. This forest was not an ordinary forest but a magical place where every Christmas turned into an unforgettable celebration, and this year would be no exception.

At the center of this wonderful celebration was a group of very special animals who had become the best of friends. Among them were Oscar, the biggest and friendliest bear in the forest, Clara, the fastest and most sparkling squirrel, and Simón, the cleverest and most mischievous fox. Together, they formed the organizing committee of the Great Animal Christmas Party.

It was the morning of December 24th, and the forest was covered with a soft blanket of snow. Animal tracks crisscrossed the snow, creating a mosaic of fun and excitement. Oscar, Clara, and Simón were in the heart of the forest, surrounded by Christmas decorations they had spent weeks preparing.

"Everything is ready for the Great Animal Christmas Party!" exclaimed Oscar, lifting his huge paw to point at the enormous Christmas tree they had decorated with bright lights and shimmering ornaments. "This year, it's going to be the best party ever!"

Clara, who was hanging a final garland on a high branch, nodded with enthusiasm. "And let's not forget the feast! We have fruit tarts, nuts, carrots, and plenty of treats for everyone."

Simón, who was organizing the games and activities, was busy placing small flags on the ground. "And the games will be the most fun ever! We have sled races, dance contests, and even a treasure hunt!"

The first to arrive at the party was Mrs. Turtle, who, despite her slow pace, had made a special effort to arrive on time. She was joined by Benny the rabbit and Mrs. Bear, all with huge smiles on their faces. The party began to come alive as other animals arrived: deer, hares, and even birds perched on the branches to enjoy the spectacle.

"Hello everyone!" Clara shouted from the top of the tree. "The Great Animal Christmas Party is about to begin!"

The first event was the sled race. Simón had crafted sleds out of branches and leaves, decorated with shiny ribbons. Each animal had the chance to try their luck in the race. Mrs. Turtle, despite her slow speed, surprised everyone with her determination and enthusiasm. Benny the rabbit zoomed into the race like a lightning bolt, and the competition was tight between him and Clara, who was an expert at handling the sled.

Finally, Clara crossed the finish line with great skill, while Benny did his utmost, just behind her. Everyone cheered and celebrated, enjoying the spirit of camaraderie that filled the air.

Next came the dance contest. The animals lined up on the improvised dance floor, eager to show off their best moves. Oscar, with his large size, wasn't the best dancer, but his enthusiasm was infectious. Clara and Benny put on a dazzling performance with their fast steps and jumps, while Simón, with his agility, performed a series of spectacular spins.

The dance ended with a fun couples' dance competition, where Mrs. Turtle teamed up with Oscar. Although their moves were slow, they managed to perform a dance that made everyone laugh, especially when Oscar tried to imitate a dance step that resulted in a funny stumble.

As everyone laughed and had fun, Simón organized the treasure hunt. He hid small gifts and treats all over the forest, and the animals had to follow the clues to find them. Each clue led to a new spot, from under bushes to inside tree trunks.

The animals, armed with maps and lots of excitement, set off on the hunt. Mrs. Bear found a honey-filled chest hidden under a large rock, while Benny discovered a sack of carrots hidden in a hollow tree. Clara and Simón found a box of cookies just in time to share with everyone.

As the sun began to set, the forest was bathed in a warm golden light. The animals gathered around the big table, enjoying the delicious treats prepared for the occasion. Laughter and stories mingled with the aroma of food, creating a magical and festive atmosphere.

Oscar, with his big heart and generous smile, stood up to give a speech. "I want to thank everyone for coming and making this Christmas truly special. The real magic of Christmas isn't in the gifts or the food, but in being together and enjoying our friendship."

Everyone applauded and nodded in agreement. Clara raised her apple juice glass for a toast. "To a Christmas full of laughter, friendship, and fun!"

The party continued with games and more dancing under the stars. The animals enjoyed a night full of joy, sharing stories and dreams as the snow gently fell around them.

Finally, as the night grew colder and the moon rose in the sky, the animals began to say their goodbyes. Each one went home with their hearts full of joy and their Christmas spirit stronger than ever.

Where there had once been a bustling celebration, only footprints in the snow and the echoes of laughter remained. The Great Animal Christmas Party had been a resounding success, and everyone was looking forward to next year, when they would come together again to celebrate.

Thus, in the magical forest of Villaflor, Christmas was not just a holiday but a celebration of friendship and shared joy. And as the animals retired to their homes, they knew that the true Christmas gift was the wonderful community they had created together.

La Navidad de los Monstruos

En el lejano pueblo de Villapán, donde las casas parecían sacadas de un cuento de hadas con tejados de caramelo y paredes de galleta, la Navidad era la época más esperada del año. Pero este año, algo increíble estaba a punto de suceder. No solo era una Navidad común y corriente; ¡era la primera Navidad en la que los monstruos del bosque cercano se unían a las festividades!

La noticia se había extendido por todo el pueblo. Los habitantes, que estaban acostumbrados a los árboles de Navidad adornados con brillantes esferas y luces centelleantes, estaban muy emocionados por conocer a estos nuevos visitantes. Los monstruos no eran como los que uno suele ver en las historias de miedo; eran amables, divertidos y, sobre todo, ¡tenían un gran sentido del humor!

El comité organizador de la Navidad de Villapán, encabezado por la señora Margarita, una anciana con un sombrero rojo brillante y una sonrisa que nunca se borraba, había planeado un evento muy especial para dar la bienvenida a los monstruos. "¡Este año vamos a tener el Gran Concurso de Villapán!" anunció con entusiasmo. "Cada grupo de monstruos y aldeanos competirá en una serie de desafíos navideños. ¡Será un espectáculo que no querrán perderse!"

La primera en llegar al pueblo fue una familia de monstruos de peluche, conocidos como los Peluchones. La mamá, Papá

Peluchón y los pequeños Peluchones, eran suaves y esponjosos, con colores brillantes y una risa contagiosa. Luego llegaron los Monstruos Mágicos, criaturas con cuernos y colas que chisporroteaban con luces de colores. Y finalmente, la última familia en llegar fueron los Monstruos Musicantes, quienes llevaban consigo una caja llena de instrumentos musicales que resonaban con melodías encantadoras.

Los aldeanos estaban ansiosos por conocer a los nuevos vecinos. Entre ellos estaban Tomás, un niño de diez años con un corazón aventurero y una imaginación sin límites; Carla, su hermana menor, con una habilidad especial para el canto y una sonrisa que iluminaba cualquier habitación; y su amigo Juanito, un niño travieso con una pasión por los acertijos y los juegos. Juntos, estaban listos para el gran concurso.

El primer desafío del Gran Concurso de Villapán era el "Desfile de Decoraciones". Los participantes tenían que decorar un carro de Navidad y presentarlo en un desfile por las calles del pueblo. Los Peluchones, con su amor por los colores brillantes y las texturas suaves, crearon un carro que parecía un cuento de hadas hecho realidad. Estaba adornado con almohadillas de felpa, cintas doradas y una gran estrella en la parte superior.

Los Monstruos Mágicos, por su parte, utilizaron sus poderes para hacer que sus decoraciones flotaran en el aire. Sus carros brillaban con luces que cambiaban de color y hacían que los aldeanos se sintieran como si estuvieran en un espectáculo de fuegos artificiales navideños.

Los Monstruos Musicantes eligieron un enfoque musical. Decoraron su carro con partituras musicales y campanas tintineantes, y lo acompañaron con una canción navideña que hacía que todos los que la escuchaban se pusieran a bailar y cantar.

Tomás, Carla y Juanito estaban en el jurado, listos para evaluar los carros. "¡Wow!" exclamó Tomás. "¡Cada carro es impresionante a su manera!"

"Sí," dijo Carla, "¡y la música de los Monstruos Musicantes es fantástica!"

"Pero no olvidemos la creatividad de los Peluchones," añadió Juanito. "¡Su carro parece sacado de un cuento!"

Finalmente, la señora Margarita subió al escenario para anunciar los resultados. "¡Todos los carros son maravillosos, pero el ganador del Desfile de Decoraciones es... ¡Los Monstruos Mágicos!"

Los Monstruos Mágicos celebraron con un espectáculo de luces y confeti, mientras que los otros equipos aplaudieron y felicitaron a los ganadores. La primera ronda del concurso había sido un éxito rotundo, y todos estaban emocionados por el siguiente desafío.

El segundo desafío era el "Concurso de Postres Navideños". Cada grupo tenía que preparar un postre especial y presentarlo al jurado. Los Peluchones hicieron una enorme tarta de chocolate decorada con figuras de nieve de azúcar. Los Monstruos Mágicos prepararon un pastel de frutas con una capa de glaseado que brillaba como el hielo. Y los Monstruos Musicantes hicieron una serie de galletas con formas de notas musicales y decoradas con pequeños trozos de caramelos.

Tomás, Carla y Juanito estaban listos para probar los postres. Cada bocado era una delicia, y no podían decidir cuál era el mejor. "¡Estos postres son increíbles!" dijo Carla, con la boca llena de tarta de chocolate. "¡No sé cómo vamos a elegir!"

Finalmente, decidieron que el verdadero ganador era el que había logrado hacer sonreír a todos con sus dulces. "¡Los Monstruos Musicantes se llevan el premio por sus galletas creativas!" anunció Tomás, mientras los Monstruos Musicantes celebraban con una pequeña serenata.

El último desafío del día era el "Concurso de Talentos". Cada grupo tenía que presentar una actuación especial. Los Peluchones hicieron una obra de teatro con títeres que contaba la historia de un reno que había perdido su nariz roja. Los Monstruos Mágicos realizaron un acto de magia, haciendo aparecer regalos y estrellas de Navidad de la nada. Los Monstruos Musicantes ofrecieron un concierto de villancicos que hizo que todos los presentes se unieran en un coro navideño.

Tomás, Carla y Juanito estaban encantados con las actuaciones. "¡No puedo creer cuántos talentos tienen estos monstruos!" dijo Juanito.

"Sí," dijo Carla, "¡cada actuación es más sorprendente que la anterior!"

Finalmente, después de mucho deliberar, el jurado decidió que todos los grupos habían hecho un trabajo excepcional. "En lugar de un solo ganador," dijo Carla, "¡creo que deberíamos premiar a todos por su creatividad y espíritu navideño!"

La señora Margarita asintió con una sonrisa. "¡Eso suena perfecto! ¡Cada uno de ustedes ha hecho de esta Navidad algo realmente especial!"

Todos los participantes se unieron para una gran celebración final, con música, bailes y una cena compartida bajo un cielo estrellado. Los monstruos y los aldeanos se mezclaron en una alegre combinación de risas y amistad. El bosque de Villapán, iluminado por las luces de Navidad y los resplandores de la luna, estaba lleno de calidez y alegría.

Tomás, Carla y Juanito estaban felices de haber compartido esta experiencia con sus nuevos amigos monstruosos. "¡Esta ha sido la mejor Navidad de todas!" exclamó Tomás.

"¡Sí!" coincidió Carla. "¡Nunca olvidaré todas las cosas increíbles que vimos y hicimos hoy!"

"Y lo mejor," agregó Juanito, "es que hemos hecho nuevos amigos y compartido nuestra alegría con ellos."

A medida que la noche avanzaba y el frío invernal envolvía el pueblo, los aldeanos y los monstruos se despidieron, sabiendo que esta Navidad había sido algo verdaderamente mágico. El Gran Concurso de Villapán había reunido a dos mundos diferentes y había creado recuerdos que durarían toda la vida.

Mientras los últimos copos de nieve caían suavemente sobre el pueblo, Tomás, Carla y Juanito regresaron a sus casas, con el corazón lleno de gratitud y felicidad. En Villapán, la Navidad había demostrado ser una época de unión y celebración, donde la magia de la temporada se encontraba en la amistad y en los momentos compartidos.

Y así, el pueblo de Villapán continuó brillando con la luz de la Navidad, recordando siempre el espíritu de la festividad que había unido a todos en una celebración inolvidable.

The Monsters' Christmas

In the distant village of Villapan, where the houses looked like they were from a fairy tale with candy rooftops and cookie walls, Christmas was the most anticipated time of the year. But this year, something incredible was about to happen. It wasn't just a regular Christmas; it was the first Christmas where the monsters from the nearby forest joined in the festivities!

The news had spread throughout the village. The villagers, who were used to Christmas trees adorned with shiny baubles and twinkling lights, were excited to meet these new visitors. The monsters were not like the scary ones you read about in spooky stories; they were friendly, fun-loving, and had a fantastic sense of humor!

The Christmas organizing committee in Villapan, led by Mrs. Margarita, an elderly woman with a sparkling red hat and a smile that never faded, had planned a very special event to welcome the monsters. "This year we're having the Great Villapan Contest!" she announced enthusiastically. "Each group of monsters and villagers will compete in a series of Christmas challenges. It's going to be a show you won't want to miss!"

The first to arrive in the village was a family of plush monsters known as the Plushies. Mama Plushie, Papa Plushie, and the little Plushies were soft and fluffy, with bright colors and contagious laughter. Next came the Magical Monsters, creatures with horns and tails that sparkled with colorful lights. And finally, the last family to arrive were the Musical Monsters, who brought with them a box full of musical instruments that played enchanting melodies.

The villagers were eager to meet their new neighbors. Among them were Tomás, a ten-year-old boy with an adventurous heart and limitless imagination; Carla, his younger sister with a special talent for singing and a smile that brightened any room; and their friend Juanito, a mischievous boy with a passion for riddles and games. Together, they were ready for the big contest.

The first challenge of the Great Villapan Contest was the "Decoration Parade". Participants had to decorate a Christmas float and present it in a parade through the village streets. The Plushies, with their love for bright colors and soft textures, created a float that looked like a fairy tale come to life. It was adorned with plush cushions, golden ribbons, and a big star on top.

The Magical Monsters, on the other hand, used their powers to make their decorations float in the air. Their floats sparkled with lights that changed colors, making the villagers feel like they were at a Christmas fireworks show.

The Musical Monsters chose a musical approach. They decorated their float with musical scores and tinkling bells, and accompanied it with a Christmas song that made everyone dance and sing along.

Tomás, Carla, and Juanito were the judges, ready to evaluate the floats. "Wow!" exclaimed Tomás. "Each float is amazing in its own way!"

"Yes," said Carla, "and the music from the Musical Monsters is fantastic!"

"But let's not forget the creativity of the Plushies," added Juanito. "Their float looks like it's straight out of a storybook!"

Finally, Mrs. Margarita went up on stage to announce the results. "All the floats are wonderful, but the winner of the Decoration Parade is... The Magical Monsters!"

The Magical Monsters celebrated with a light and confetti show, while the other teams applauded and congratulated the winners. The first round of the contest had been a resounding success, and everyone was excited for the next challenge.

The second challenge was the "Christmas Dessert Contest". Each group had to prepare a special dessert and present it to the judges. The Plushies made a huge chocolate cake decorated with sugar snowflakes. The Magical Monsters prepared a fruit cake with a layer of icing that shone like ice. And the Musical Monsters made a series of cookies shaped like musical notes and decorated with small pieces of candy.

Tomás, Carla, and Juanito were ready to taste the desserts. Each bite was a delight, and they couldn't decide which was the best. "These desserts are incredible!" said Carla, with her mouth full of chocolate cake. "I don't know how we're going to choose!"

Finally, they decided that the true winner was the one who had managed to make everyone smile with their sweets. "The Musical Monsters win the prize for their creative cookies!" announced Tomás, as the Musical Monsters celebrated with a little serenade.

The final challenge of the day was the "Talent Show". Each group had to present a special performance. The Plushies put on a puppet show telling the story of a reindeer who had lost its red nose. The Magical Monsters performed a magic act, making Christmas presents and stars appear out of nowhere. The Musical Monsters offered a carol concert that made everyone in the audience join in a Christmas choir.

Tomás, Carla, and Juanito were delighted with the performances. "I can't believe how many talents these monsters have!" said Juanito.

"Yes," said Carla, "each performance is more surprising than the last!"

Finally, after much deliberation, the judges decided that all the groups had done an exceptional job. "Instead of just one winner," said Carla, "I think we should reward everyone for their creativity and Christmas spirit!"

Mrs. Margarita nodded with a smile. "That sounds perfect! Each of you has made this Christmas truly special!"

All the participants came together for a grand final celebration, with music, dancing, and a shared feast under a starry sky. The monsters and the villagers mingled in a joyful mix of laughter and friendship. The Villapan forest, illuminated by Christmas lights and moonlit glows, was filled with warmth and joy.

Tomás, Carla, and Juanito were happy to have shared this experience with their new monster friends. "This has been the best Christmas ever!" exclaimed Tomás.

"Yes!" agreed Carla. "I'll never forget all the amazing things we saw and did today!"

"And the best part," added Juanito, "is that we've made new friends and shared our joy with them."

As the night wore on and the winter chill enveloped the village, the villagers and monsters said their goodbyes, knowing that this Christmas had been something truly magical. The Great Villapan Contest had brought together two different worlds and created memories that would last a lifetime.

As the last snowflakes gently fell on the village, Tomás, Carla, and Juanito returned to their homes, their hearts filled with gratitude and happiness. In Villapan, Christmas had proven to be a time of unity and celebration, where the magic of the season was found in friendship and shared moments.

And so, the village of Villapan continued to shine with the light of Christmas, always remembering the festive spirit that had united everyone in an unforgettable celebration.

La Gran Nieve de Navidad

En el pequeño y encantador pueblo de Nevado del Valle, donde las casas estaban adornadas con luces parpadeantes y los árboles de Navidad brillaban con adornos dorados, la Navidad era la época más mágica del año. Este año, sin embargo, el pueblo estaba a punto de vivir una Navidad como nunca antes.

Era el 23 de diciembre y la emoción estaba en el aire. Los niños se apresuraban a terminar sus cartas a Santa Claus, los adultos se dedicaban a cocinar deliciosos manjares y las familias decoraban sus hogares con un entusiasmo contagioso. Pero algo extraño estaba ocurriendo en Nevado del Valle: la nieve, que normalmente cubría el pueblo con un hermoso manto blanco cada Navidad, no estaba llegando.

Los aldeanos estaban preocupados. "¿Dónde está la nieve?" se preguntaban unos a otros. La señora Dulce, la panadera del pueblo, estaba particularmente preocupada porque no podía hornear sus famosas galletas de jengibre sin un toque especial de nieve. "¡La Navidad no será la misma sin nuestra nieve mágica!" exclamó, mirando por la ventana de su panadería.

En medio de toda la inquietud, tres amigos inseparables decidieron que iban a resolver el misterio de la nieve perdida. Eran Lucas, un niño curioso con un gran sombrero de lana; Sofía, su hermana pequeña, que siempre llevaba una bufanda rosa brillante; y su mejor amigo, Tomás, un niño con una risa contagiosa y un corazón lleno de valentía.

Los tres amigos se reunieron en la pequeña cabaña de Lucas para planear su investigación. "Algo extraño está pasando," dijo Lucas, mirando un mapa del pueblo. "La nieve siempre llega a tiempo para Navidad. ¿Qué puede estar deteniéndola?"

Sofía, con los ojos llenos de determinación, respondió: "¡Podríamos buscar pistas por todo el pueblo y en el bosque! Tal vez haya alguna razón mágica detrás de esto."

Tomás, emocionado por la aventura, añadió: "¡Vamos a hacer esto! Encontraremos la nieve y salvaremos la Navidad para todos."

Así, con sus abrigos bien abrochados y sus gorros puestos, los tres amigos salieron a la búsqueda de la nieve perdida. El primer lugar que visitaron fue la plaza del pueblo, donde el gran árbol de Navidad estaba erguido, pero sin su esperado manto de nieve. Allí encontraron al señor Pérez, el anciano del pueblo, que estaba sentado en un banco, murmurando para sí mismo.

"Señor Pérez," preguntó Lucas, "¿ha visto usted algo extraño últimamente? Estamos buscando la nieve que falta."

El señor Pérez miró a los niños con una expresión preocupada. "He notado algo raro," dijo. "La última vez que vi la nieve fue cuando el cartero llevó la carta al Polo Norte. Desde entonces, nada ha sido igual."

Los amigos se miraron entre sí. "¿Tal vez la carta al Polo Norte tiene algo que ver?" sugirió Sofía. "Podría ser que algo haya ido mal."

Decididos a seguir esta pista, los amigos se dirigieron a la oficina de correos. Allí, la señora Rosalía, la amable cartero del pueblo, estaba organizando cartas. "Señora Rosalía," comenzó Tomás, "hemos oído que la última carta al Polo Norte podría ser la clave para encontrar la nieve perdida. ¿Podría contarnos más sobre ella?"

La señora Rosalía se quedó pensativa. "La carta fue enviada hace una semana," explicó. "Pero antes de enviarla, noté algo extraño. Había una pequeña mancha en el borde de la carta, como si algo hubiera estado derramado sobre ella."

Los tres amigos se miraron, emocionados. "¡Esa mancha podría ser una pista!" exclamó Sofía. "Tal vez hay algo más detrás de todo esto."

"Sí," agregó Lucas, "¡pero primero debemos ir al bosque! Si la nieve no está en el pueblo, tal vez esté escondida en algún lugar cerca."

Con la esperanza de encontrar alguna pista en el bosque, los amigos se adentraron en el sendero cubierto de hojas crujientes y ramas secas. Caminaban con cuidado, observando cada rincón y escuchando cualquier sonido inusual. Después de un rato, llegaron a un claro en el bosque donde encontraron a una figura familiar: el Hada de la Nieve.

El Hada de la Nieve, con su vestido de cristal y alas que brillaban como la escarcha, estaba rodeada de copos de nieve en el aire. Sin embargo, su expresión era de tristeza. "¡Oh, hola, niños!" dijo el hada con un suspiro. "Estaba esperando que alguien viniera a ayudarme."

"¿Qué ha pasado, Hada de la Nieve?" preguntó Lucas.

El hada se agachó y explicó: "Uno de mis copos de nieve mágicos se ha perdido. Sin ese copo, no puedo crear la nieve que cubre el pueblo. ¡Y ese copo es muy especial!"

"¿Dónde lo vio por última vez?" preguntó Tomás, con los ojos llenos de interés.

"El último lugar donde lo vi fue en el bosque," respondió el hada. "Creo que se ha escondido en algún rincón mágico."

Determinado a ayudar, Lucas, Sofía y Tomás comenzaron a buscar en el bosque. Revisaron cada rincón, movieron piedras y miraron bajo los troncos de los árboles. Mientras buscaban, Sofía notó una serie de huellas diminutas en la nieve que parecía haber caído en algunos lugares del bosque.

"¡Miren esto!" exclamó Sofía. "Estas huellas parecen llevar hacia allá."

Los amigos siguieron las huellas hasta llegar a una pequeña cueva oculta detrás de un grupo de arbustos. Dentro de la cueva, encontraron una gran caja decorada con cintas doradas y luces parpadeantes. Al abrirla, encontraron el copo de nieve mágico brillando en su interior, junto con una nota escrita a mano.

La nota decía: "Queridos amigos, encontré este copo de nieve y quise guardarlo para un momento especial. Por favor, devuélvanlo al Hada de la Nieve para que la Navidad pueda ser completa. Con cariño, el Duende de la Navidad."

Los amigos estaban emocionados y rápidamente llevaron el copo de nieve de regreso al Hada de la Nieve. Cuando el hada vio el copo, su rostro se iluminó con una gran sonrisa. "¡Muchas gracias, niños! ¡Ahora la Navidad en Nevado del Valle podrá continuar como siempre!"

El Hada de la Nieve agitó su varita mágica, y de repente, comenzó a caer una hermosa nevada sobre el pueblo. Los copos de nieve caían suavemente del cielo, cubriendo las casas, los árboles y las calles con un brillante manto blanco. Los aldeanos salieron de sus casas, sorprendidos y encantados al ver la nieve.

"¡La nieve ha vuelto!" exclamó la señora Dulce, con lágrimas de alegría en los ojos. "¡Es un milagro!"

El pueblo se llenó de alegría y celebración mientras todos disfrutaban de la primera nevada de la temporada. Lucas, Sofía y Tomás se unieron a las festividades, jugando en la nieve, haciendo muñecos de nieve y disfrutando de una fiesta navideña junto a sus amigos y vecinos.

Esa noche, mientras el pueblo estaba iluminado por las luces de Navidad y el cielo estrellado, los tres amigos se sentaron alrededor de una fogata en el centro de la plaza. "¡Hicimos un gran trabajo hoy!" dijo Lucas.

"Sí," añadió Sofía, "¡y la Navidad es aún más mágica con la nieve!"

"¡No podríamos haberlo hecho sin la ayuda del Hada de la Nieve y el Duende de la Navidad!" dijo Tomás. "¡Fue una verdadera aventura!"

Mientras la nieve caía suavemente a su alrededor, los amigos miraron el cielo estrellado y supieron que esta Navidad sería una que nunca olvidarían. En Nevado del Valle, la magia de la Navidad había regresado, y el espíritu festivo se había renovado gracias a la valentía y la amistad de tres niños valientes.

Así, en el pequeño pueblo de Nevado del Valle, la Navidad continuó siendo una época de alegría, magia y unión, recordando a todos que, a veces, los mayores milagros ocurren cuando trabajamos juntos y seguimos nuestros corazones.

The Great Christmas Snow

In the small and charming village of Nevado del Valle, where houses were decorated with twinkling lights and Christmas trees sparkled with golden ornaments, Christmas was the most magical time of the year. This year, however, the village was about to experience a Christmas like never before.

It was December 23rd and excitement filled the air. Children rushed to finish their letters to Santa Claus, adults were busy cooking delicious treats, and families decorated their homes with contagious enthusiasm. But something strange was happening in Nevado del Valle: the snow, which normally blanketed the village with a beautiful white layer every Christmas, wasn't arriving.

The villagers were worried. "Where is the snow?" they asked each other. Mrs. Sweet, the village baker, was particularly concerned because she couldn't bake her famous gingerbread cookies without a special touch of snow.

"Christmas won't be the same without our magical snow!" she exclaimed, looking out the window of her bakery.

In the midst of all the worry, three inseparable friends decided they were going to solve the mystery of the missing snow. They were Lucas, a curious boy with a large wool hat; Sofía, his little sister who always wore a bright pink scarf; and their best friend, Tomás, a cheerful boy with a brave heart.

The three friends gathered in Lucas's cozy cabin to plan their investigation. "Something strange is happening," said Lucas, looking at a map of the village. "Snow always arrives in time for Christmas. What could be stopping it?"

Sofía, with determined eyes, replied, "We could look for clues all around the village and in the forest! Maybe there's some magical reason behind this."

Tomás, excited for the adventure, added, "Let's do this! We'll find the snow and save Christmas for everyone."

So, with their coats buttoned up and their hats on, the three friends set out on their quest for the missing snow. The first place they visited was the village square, where the large Christmas tree stood tall but without its expected blanket of snow. There they found Mr. Pérez, the village elder, sitting on a bench, mumbling to himself.

"Mr. Pérez," asked Lucas, "have you seen anything unusual lately? We're looking for the missing snow."

Mr. Pérez looked at the children with a worried expression. "I noticed something strange," he said. "The last time I saw the snow was when the mailman delivered the letter to the North Pole. Since then, nothing has been the same."

The friends looked at each other. "Maybe the letter to the North Pole has something to do with it?" suggested Sofía. "Perhaps something went wrong."

Determined to follow this lead, the friends headed to the post office. There, Mrs. Rosalía, the village's friendly mail carrier, was organizing letters. "Mrs. Rosalía," began Tomás, "we heard that the last letter to the North Pole might be the key to finding the missing snow. Can you tell us more about it?"

Mrs. Rosalía thought for a moment. "The letter was sent a week ago," she explained. "But before I sent it, I noticed something strange. There was a small stain on the edge of the letter, as if something had been spilled on it."

The three friends looked at each other, excited. "That stain could be a clue!" exclaimed Sofía. "Maybe there's more to this."

"Yes," added Lucas, "but first we need to go to the forest! If the snow isn't in the village, maybe it's hidden somewhere nearby."

With hopes of finding a clue in the forest, the friends ventured down the trail covered with crispy leaves and dry branches. They walked carefully, observing every corner and listening for any unusual sounds. After a while, they arrived at a clearing in the forest where they found a familiar figure: the Snow Fairy.

The Snow Fairy, in her crystal dress and wings sparkling like frost, was surrounded by floating snowflakes. However, her expression was one of sadness. "Oh, hello, children!" said the fairy with a sigh. "I was hoping someone would come to help me."

"What happened, Snow Fairy?" asked Lucas.

The fairy knelt down and explained, "One of my magical snowflakes has gone missing. Without that snowflake, I can't create the snow that blankets the village. And that snowflake is very special!"

"Where did you last see it?" asked Tomás, his eyes filled with interest.

"The last place I saw it was in the forest," replied the fairy. "I think it has hidden itself in some magical corner."

Determined to help, Lucas, Sofía, and Tomás began searching in the forest. They checked every nook, moved stones, and looked under tree trunks. While searching, Sofía noticed a series of tiny footprints in the snow that had fallen in some areas of the forest.

"Look at this!" exclaimed Sofía. "These footprints seem to lead over there."

The friends followed the footprints until they reached a small cave hidden behind a group of bushes. Inside the cave, they found a large box decorated with golden ribbons and twinkling lights. When they opened it, they found the magical snowflake shining inside, along with a handwritten note.

The note read: "Dear friends, I found this snowflake and wanted to keep it for a special moment. Please return it to the Snow Fairy so Christmas can be complete. With love, the Christmas Elf."

The friends were thrilled and quickly took the snowflake back to the Snow Fairy. When the fairy saw the snowflake, her face lit up with a big smile. "Thank you so much, children! Now Christmas in Nevado del Valle can continue as always!"

The Snow Fairy waved her magical wand, and suddenly, a beautiful snowfall began to cover the village. Snowflakes fell gently from the sky, covering the houses, trees, and streets with a brilliant white blanket. The villagers came out of their homes, surprised and delighted to see the snow.

"The snow has returned!" exclaimed Mrs. Sweet, with tears of joy in her eyes. "It's a miracle!"

The village was filled with joy and celebration as everyone enjoyed the first snowfall of the season. Lucas, Sofía, and Tomás joined in the festivities, playing in the snow, making snowmen, and enjoying a Christmas party with their friends and neighbors.

That night, as the village was illuminated by Christmas lights and the starry sky, the three friends sat around a bonfire in the center of the square. "We did a great job today!" said Lucas.

"Yes," added Sofía, "and Christmas is even more magical with the snow!"

"We couldn't have done it without the help of the Snow Fairy and the Christmas Elf!" said Tomás. "It was a real adventure!"

As the snow gently fell around them, the friends looked up at the starry sky and knew that this Christmas would be one they would never forget. In Nevado del Valle, the magic of Christmas had returned, and the festive spirit was renewed thanks to the bravery and friendship of three courageous children.

And so, in the small village of Nevado del Valle, Christmas continued to be a time of joy, magic, and togetherness, reminding everyone that sometimes the greatest miracles happen when we work together and follow our hearts.

Félix el Flamenco y la Fiesta de Navidad

En el rincón más cálido de la tierra, donde el sol siempre brilla y las palmeras susurran al viento, había una pequeña charca en la que vivían muchos animales felices. Esta charca era el hogar de Félix el Flamenco, un flamenco de plumas rosas brillantes y una sonrisa siempre en su pico. Félix era conocido en todo el bosque por su estilo elegante y su espíritu festivo.

Cada año, cuando se acercaba la Navidad, Félix se preparaba para la gran Fiesta de Navidad en la Charca, un evento que todos los animales esperaban con ansias. La charca se convertía en un lugar mágico lleno de luces resplandecientes, decoraciones coloridas y música alegre. Todos los animales del bosque venían a celebrar, desde las ranas saltarinas hasta las tortugas sabias.

Este año, sin embargo, Félix estaba más emocionado que nunca. Había decidido que su fiesta sería la más grandiosa de todas. Pasó semanas decorando la charca con cintas doradas, luces de colores y estrellas brillantes. Sus amigos, como Lola la Rana, Tito el Tucán y Carla la Tortuga, estaban muy emocionados y le ayudaban con los preparativos.

Un día, mientras Félix estaba colgando una guirnalda de luces en la orilla de la charca, notó algo inusual. Un grupo de animales estaba murmullando entre sí y señalando hacia el cielo. Intrigado, Félix voló hacia ellos con sus alas extendidas.

"¿Qué pasa, amigos?" preguntó Félix.

Lola la Rana, con sus ojos verdes muy abiertos, respondió: "Félix, hemos visto algo extraño. Hay una nube oscura sobre el bosque, y parece que va a llover. ¡Eso podría arruinar la fiesta!"

Félix frunció el ceño. "¡No podemos permitir que la lluvia estropee nuestra fiesta! Tenemos que hacer algo para asegurarnos de que la fiesta continúe sin problemas."

Félix, decidido a salvar la fiesta, pensó en una idea. "Voy a hablar con el Gran Búho. Él sabe muchas cosas sobre el clima y puede ayudarnos a encontrar una solución."

El Gran Búho vivía en lo alto de un viejo roble en el borde del bosque. Era conocido por su sabiduría y su habilidad para resolver problemas. Félix voló hacia el árbol y encontró al Gran Búho dormitando en una rama.

"¡Gran Búho!" llamó Félix. "¡Necesito tu ayuda!"

El Gran Búho despertó lentamente y miró a Félix con sus grandes ojos sabios. "¿Qué sucede, Félix?"

Félix explicó la situación y el Gran Búho pensó por un momento. "Hmm, parece que hay una tormenta que se avecina. Pero no te preocupes, Félix. Con un poco de magia y mucha cooperación, podemos asegurarnos de que tu fiesta sea un éxito."

"¿Cómo lo haremos?" preguntó Félix, esperanzado.

"El primer paso es preparar a todos los animales para la tormenta," dijo el Gran Búho. "Asegúrate de que todos tengan un lugar seco y seguro para estar durante la lluvia. Luego, usaremos un poco de magia antigua para desviar la tormenta."

Félix asintió con determinación. "¡Haré todo lo posible!"

Regresó a la charca y comenzó a coordinar con sus amigos. Todos los animales trabajaron juntos para construir refugios temporales y asegurarse de que estuvieran listos para cualquier cosa. Félix, mientras tanto, preparaba todo para la fiesta.

Finalmente, llegó el momento de usar la magia del Gran Búho. Félix y sus amigos se reunieron en el centro de la charca, donde el Gran Búho realizó un hechizo antiguo que envió destellos de luz hacia el cielo. Los animales miraron con asombro mientras la nube oscura comenzaba a dispersarse y el cielo se despejaba.

"¡Miren! ¡La tormenta se está yendo!" exclamó Tito el Tucán, aplaudiendo.

La fiesta estaba de vuelta en marcha. La charca se llenó de música y risas mientras los animales disfrutaban de la celebración. Félix estaba especialmente feliz de ver a todos bailando y divirtiéndose. Había preparado un gran banquete con frutas frescas, deliciosos pasteles y bebidas refrescantes.

Entre las atracciones de la fiesta había una pista de baile con luces brillantes, un rincón de juegos con concursos y una zona especial para contar cuentos. Los animales disfrutaban de todas las actividades, y Félix se aseguraba de que todo estuviera perfecto.

En un momento de la noche, Félix decidió hacer una sorpresa especial. Subió al centro del escenario y anunció: "Queridos amigos, quiero agradecerles a todos por venir y ayudar a que esta fiesta sea maravillosa. Y como agradecimiento, he preparado una sorpresa muy especial."

De repente, una banda de músicos animales apareció en el escenario, tocando melodías alegres. Había un elefante trompetista, una cebra guitarrista y una ardilla batería. Los animales se unieron al ritmo de la música y comenzaron a bailar con entusiasmo.

La sorpresa de Félix fue un éxito rotundo. Todos estaban disfrutando de la música y de la fiesta, y la noche continuó con diversión y alegría. Félix sintió una gran satisfacción al ver cómo su sueño de una fiesta navideña perfecta se había hecho realidad.

A medida que la noche avanzaba, la temperatura comenzó a bajar, y los animales se acurrucaron alrededor de las hogueras para calentarse. Félix, con su plumaje rosa resplandeciente, se sentó junto a sus amigos y miró las estrellas brillantes en el cielo.

"Esta ha sido la mejor fiesta de Navidad que hemos tenido," dijo Félix con una sonrisa.

"Sí," coincidió Carla la Tortuga. "Todo salió perfecto, y eso es gracias a tu valentía y a la magia del Gran Búho."

"¡No olvidemos a todos los que ayudaron!" añadió Lola la Rana. "Fue un verdadero esfuerzo de equipo."

Félix asintió. "Estoy muy agradecido por todos ustedes. Esta Navidad ha sido muy especial para mí, y espero que para todos también."

Con el cielo estrellado y la charca iluminada por las luces de Navidad, Félix y sus amigos disfrutaron del final de una noche maravillosa. Sabían que esta Navidad en la charca sería recordada por siempre, no solo por la fiesta, sino por la amistad y la colaboración que hicieron posible el evento.

Cuando la última estrella fugaz cruzó el cielo y los animales comenzaron a retirarse a sus hogares, Félix se quedó en la charca por un momento, reflexionando sobre el día. Sentía una profunda felicidad y gratitud por haber podido compartir la magia de la Navidad con sus amigos.

Finalmente, Félix regresó a su nido, donde se acurrucó bajo una manta de hojas secas. Mientras cerraba los ojos y se dejaba llevar por el sueño, sabía que había hecho de esta Navidad una celebración inolvidable.

En el rincón cálido de la tierra, la charca de Félix se convirtió en un lugar de alegría y magia durante toda la temporada navideña, recordando a todos que la verdadera esencia de la Navidad está en compartir momentos especiales con aquellos que amamos.

Felix the Flamingo and the Christmas Party

In the warmest corner of the land, where the sun always shines and the palm trees whisper to the wind, there was a small pond where many happy animals lived. This pond was home to Felix the Flamingo, a flamingo with bright pink feathers and a smile always on his beak. Felix was known throughout the forest for his elegant style and festive spirit.

Every year, as Christmas approached, Felix prepared for the grand Christmas Party at the Pond, an event that all the animals eagerly awaited. The pond would turn into a magical place filled with shimmering lights, colorful decorations, and cheerful music. All the animals from the forest would come to celebrate, from the hopping frogs to the wise turtles.

This year, however, Felix was more excited than ever. He had decided that his party would be the grandest of all. He spent weeks decorating the pond with golden ribbons, colorful lights, and sparkling stars. His friends, like Lola the Frog, Tito the Toucan, and Carla the Turtle, were very excited and helped him with the preparations.

One day, while Felix was hanging a garland of lights along the edge of the pond, he noticed something unusual. A group of animals was murmuring among themselves and pointing towards the sky. Intrigued, Felix flew over to them with his wings spread wide.

"What's going on, friends?" asked Felix.

Lola the Frog, with her big green eyes wide open, replied, "Felix, we've seen something strange. There's a dark cloud over the forest, and it looks like it's going to rain. That could ruin the party!"

Felix frowned. "We can't let the rain spoil our party! We have to do something to make sure the party goes off without a hitch."

Determined to save the party, Felix came up with an idea. "I'm going to talk to the Great Owl. He knows a lot about the weather and can help us find a solution."

The Great Owl lived high up in an old oak tree on the edge of the forest. He was known for

his wisdom and ability to solve problems. Felix flew to the tree and found the Great Owl dozing on a branch.

"Great Owl!" called Felix. "I need your help!"

The Great Owl slowly awoke and looked at Felix with his wise, big eyes. "What's the matter, Felix?"

Felix explained the situation, and the Great Owl thought for a moment. "Hmm, it looks like a storm is approaching. But don't worry, Felix. With a bit of magic and a lot of cooperation, we can ensure that your party is a success."

"How will we do it?" asked Felix, hopeful.

"The first step is to prepare all the animals for the storm," said the Great Owl. "Make sure everyone has a dry and safe place to stay during the rain. Then, we'll use some ancient magic to divert the storm."

Felix nodded with determination. "I'll do everything I can!"

He returned to the pond and began coordinating with his friends. All the animals worked together to build temporary shelters and make sure they were ready for anything. Felix, meanwhile, was preparing everything for the party.

Finally, it was time to use the Great Owl's magic. Felix and his friends gathered in the center of the pond, where the Great Owl performed an ancient spell that sent flashes of light into the sky. The animals watched in awe as the dark cloud began to disperse and the sky cleared up.

"Look! The storm is going away!" exclaimed Tito the Toucan, applauding.

The party was back on track. The pond was filled with music and laughter as the animals enjoyed the celebration. Felix was especially happy to see everyone dancing and having fun. He had prepared a grand feast with fresh fruits, delicious pastries, and refreshing drinks.

Among the attractions of the party was a dance floor with bright lights, a game corner with contests, and a special area for storytelling. The animals enjoyed all the activities, and Felix made sure everything was perfect.

At one point during the evening, Felix decided to do a special surprise. He went up to the center of the stage and announced, "Dear friends, I want to thank you all for coming and helping to make this party wonderful. And as a thank you, I've prepared a very special surprise."

Suddenly, a band of animal musicians appeared on stage, playing cheerful melodies. There was an elephant playing the trumpet, a zebra on the guitar, and a squirrel on the drums. The animals joined in the rhythm of the music and started dancing with enthusiasm.

Felix's surprise was a huge success. Everyone was enjoying the music and the party, and the night continued with fun and joy. Felix felt a great satisfaction seeing his dream of a perfect Christmas party come true.

As the night went on, the temperature began to drop, and the animals huddled around the bonfires to warm up. Felix, with his glowing pink feathers, sat with his friends and looked at the twinkling stars in the sky.

"This has been the best Christmas party we've ever had," said Felix with a smile.

"Yes," agreed Carla the Turtle. "Everything turned out perfect, and that's thanks to your bravery and the magic of the Great Owl."

"Let's not forget everyone who helped!" added Lola the Frog. "It was a real team effort."

Felix nodded. "I'm so grateful for all of you. This Christmas has been very special for me, and I hope for all of you too."

With the starry sky and the pond lit up with Christmas lights, Felix and his friends enjoyed the end of a wonderful night. They knew that this Christmas at the pond would be remembered forever, not just for the party, but for the friendship and teamwork that made the event possible.

As the last shooting star crossed the sky and the animals began to head home, Felix stayed at the pond for a moment, reflecting on the day. He felt a deep sense of happiness and gratitude for having been able to share the magic of Christmas with his friends.

Finally, Felix returned to his nest, where he snuggled under a blanket of dry leaves. As he closed his eyes and drifted off to sleep, he knew he had made this Christmas an unforgettable celebration.

In the warm corner of the land, Felix's pond became a place of joy and magic throughout the Christmas season, reminding everyone that the true essence of Christmas is in sharing special moments with those we love.

El Gran Rescate de Navidad

Era la víspera de Navidad en el pequeño pueblo de Villa Esperanza. El aire estaba lleno de emoción y las calles decoradas con luces brillantes y guirnaldas festivas. Los niños de la escuela local no podían esperar a que llegara la mañana de Navidad para abrir sus regalos. Pero este año, algo extraño estaba sucediendo. Los regalos que Papá Noel había dejado bajo los árboles comenzaron a desaparecer misteriosamente.

Nico, un niño de diez años con una imaginación desbordante y una gran pasión por las aventuras, fue el primero en notar que faltaban los regalos. "¡Esto no puede estar pasando!", exclamó, mirando el espacio vacío bajo su árbol de Navidad.

Nico tenía dos amigos inseparables: Lucía, una niña valiente y decidida, y Pedro, un chico curioso con un talento especial para resolver enigmas. Juntos formaban un equipo imbatible cuando se trataba de aventuras y misterios.

"Tenemos que resolver este misterio antes de que sea demasiado tarde", dijo Nico, reuniendo a sus amigos en su casa. "¡No podemos dejar que la Navidad se arruine para todos los niños de Villa Esperanza!"

Los tres amigos decidieron investigar el pueblo en busca de pistas. Primero, fueron a la plaza central, donde estaba el enorme árbol de Navidad de Villa Esperanza. Bajo el árbol, encontraron a la señora Pérez, la panadera del pueblo, que estaba muy preocupada.

"¿Han visto algo sospechoso últimamente?", preguntó Nico.

"Sí, de hecho, anoche vi unas sombras moviéndose rápidamente cerca de las casas", respondió la señora Pérez. "Parecía que estaban llevando algo grande."

"¡Vamos a seguir esas sombras!", exclamó Lucía, decidida a resolver el misterio.

Los amigos siguieron las huellas que las sombras habían dejado en la nieve. Las pisadas los llevaron al bosque que rodeaba el pueblo. Aunque el bosque era oscuro y un poco aterrador por la noche, los tres amigos eran valientes y sabían que tenían que encontrar los regalos perdidos.

En el corazón del bosque, los amigos encontraron una cueva oculta entre los árboles. De la cueva salía una luz tenue y se escuchaban voces.

"Creo que hemos encontrado a los culpables", susurró Pedro.

Se acercaron sigilosamente y miraron dentro de la cueva. Allí, vieron a un grupo de duendes traviesos que habían robado los regalos de todos los niños del pueblo.

"¡Tenemos que recuperarlos!", dijo Nico, decidido.

Los amigos idearon un plan. Lucía distrajo a los duendes con su linterna, mientras Pedro y Nico entraron en la cueva y comenzaron a recuperar los regalos uno por uno. Los duendes, al ver lo que estaba pasando, intentaron detenerlos, pero los amigos eran rápidos y astutos.

Con los brazos llenos de regalos, los amigos salieron corriendo de la cueva y se dirigieron de vuelta al pueblo. Pero los duendes no se dieron por vencidos tan fácilmente. Empezaron a perseguir a Nico, Lucía y Pedro por el bosque.

"¡Corre más rápido, Nico!", gritó Pedro, mirando hacia atrás y viendo a los duendes cada vez más cerca.

Justo cuando parecía que los duendes los alcanzarían, apareció una figura majestuosa en el cielo. Era Papá Noel en su trineo, guiado por sus renos mágicos.

"¡Papá Noel!" exclamaron los amigos al unísono.

Papá Noel descendió rápidamente y con un movimiento de su mano, los duendes quedaron inmovilizados. "¡Gracias por ayudarme a recuperar los regalos!", dijo Papá Noel con una sonrisa. "Sin ustedes, muchos niños se habrían quedado sin regalos esta Navidad."

Papá Noel llevó a los amigos de vuelta a Villa Esperanza en su trineo. Una vez en el pueblo, ayudaron a repartir los regalos a todas las casas. Los niños despertaron esa mañana de Navidad con sus regalos bajo el árbol, sin saber el gran esfuerzo que Nico, Lucía y Pedro habían hecho para salvar la Navidad.

"Lo logramos", dijo Lucía, exhausta pero feliz.

"Sí, y fue la mejor aventura de todas", añadió Pedro, con una sonrisa de satisfacción.

Nico miró a sus amigos y dijo: "Juntos, podemos hacer cualquier cosa. ¡Feliz Navidad, amigos!"

Y así, gracias a la valentía y el trabajo en equipo de tres amigos, la Navidad en Villa Esperanza fue más mágica que nunca.

The Great Christmas Rescue

It was Christmas Eve in the small town of Villa Esperanza. The air was filled with excitement, and the streets were decorated with bright lights and festive garlands. The children at the local school couldn't wait for Christmas morning to open their presents. But this year, something strange was happening. The gifts that Santa Claus had left under the trees began to mysteriously disappear.

Nico, a ten-year-old boy with a vivid imagination and a great passion for adventures, was the first to notice the missing gifts. "This can't be happening!" he exclaimed, looking at the empty space under his Christmas tree.

Nico had two inseparable friends: Lucia, a brave and determined girl, and Peter, a curious boy with a special talent for solving puzzles. Together, they formed an unbeatable team when it came to adventures and mysteries.

"We have to solve this mystery before it's too late," said Nico, gathering his friends at his house. "We can't let Christmas be ruined for all the children in Villa Esperanza!"

The three friends decided to investigate the town for clues. First, they went to the central square, where Villa Esperanza's enormous Christmas tree stood. Under the tree, they found Mrs. Perez, the town's baker, who was very worried.

"Have you seen anything suspicious lately?" asked Nico.

"Yes, in fact, last night I saw some shadows moving quickly near the houses," Mrs. Perez replied. "It looked like they were carrying something big."

"Let's follow those shadows!" exclaimed Lucia, determined to solve the mystery.

The friends followed the footprints the shadows had left in the snow. The tracks led them to the forest surrounding the town. Although the forest was dark and a bit scary at night, the three friends were brave and knew they had to find the missing gifts.

In the heart of the forest, the friends found a cave hidden among the trees. A faint light and voices were coming from the cave.

"I think we've found the culprits," whispered Peter.

They sneaked closer and peeked inside the cave. There, they saw a group of mischievous elves who had stolen the gifts from all the town's children.

"We have to get them back!" said Nico, determined.

The friends came up with a plan. Lucia distracted the elves with her flashlight while Peter and Nico snuck into the cave and began recovering the gifts one by one. The elves, seeing what was happening, tried to stop them, but the friends were quick and clever.

With their arms full of gifts, the friends ran out of the cave and headed back to the town. But the elves didn't give up easily. They started chasing Nico, Lucia, and Peter through the forest.

"Run faster, Nico!" shouted Peter, looking back and seeing the elves getting closer.

Just when it seemed the elves would catch them, a majestic figure appeared in the sky. It was Santa Claus in his sleigh, guided by his magical reindeer.

"Santa Claus!" the friends exclaimed in unison.

Santa Claus quickly descended and, with a wave of his hand, the elves were immobilized. "Thank you for helping me recover the gifts!" said Santa Claus with a smile. "Without you, many children would have been left without presents this Christmas."

Santa Claus took the friends back to Villa Esperanza in his sleigh. Once in the town, they helped distribute the gifts to all the houses. The children woke up that Christmas morning with their presents under the tree, unaware of the great effort Nico, Lucia, and Peter had made to save Christmas.

"We did it," said Lucia, exhausted but happy.

"Yes, and it was the best adventure of all," added Peter, with a satisfied smile.

Nico looked at his friends and said, "Together, we can do anything. Merry Christmas, friends!"

And so, thanks to the bravery and teamwork of three friends, Christmas in Villa Esperanza was more magical than ever.

www.ingramcontent.com/pod-product-compliance
Lightning Source LLC
Chambersburg PA
CBHW051354150726
48000CB00003B/1182